Markus Wilde - eBay für Fortgeschrittene

Markus Wilde - eBay für Fortgeschrittene

Markus Wilde

<u>eBay für Fortgeschrittene</u>

**Der Ratgeber für Ihren Verkaufserfolg
auf dem Handelsplatz eBay**

- **Trends frühzeitig erkennen**
- **Nachfrage richtig einschätzen**
- **Top-Bezugsquellen finden**
- **Auktionen wirkungsvoll platzieren**

**Mit Auswertungen aller eBay-Hauptkategorien
und über 180 Internet-Adressen von Business-
Handelsplätzen, Großhändlern und Herstellern.**

Herstellung und Verlag:
Books on Demand GmbH, Norderstedt
ISBN 3-8334-0182-6

Books on Demand GmbH
Gutenbergring 53
D-22848 Norderstedt
Internet: www.bod.de

Tel. (040) 53 43 35-11
Fax (040) 53 43 35-84
E-Mail: info@bod.de

Inhalt

<u>Vorwort</u>

Hallo liebe eBay-Partner und Partnerinnen!

Zunächst einmal Vielen Dank für Ihr Interesse an diesem Buch. Damit haben Sie den ersten Schritt auf dem Weg zum Power-Seller bereits getan.

Das Problem kennen Sie sicher auch:
Man ist bei eBay eingestiegen,die ersten Verkäufe sind getätigt und der Spaß am Versteigern wächst und wächst. Nach einiger Zeit ist der Dachboden leergeräumt, alles Verwertbare aus dem Keller versteigert und der halbe Kleiderschrank in bare Münze umgesetzt.

Was nun?

Diese Frage wird sich fast jeder Verkäufer irgendwann stellen.Egal,ob dieser weiterhin einen schönen Nebenverdienst erzielen möchte oder zum „Gipfelstürmer" in der Disziplin „Online-Auktionen" aufsteigen will.

Wie komme ich also günstig an neue Ware?
Und, ganz wichtig, welche Art von Waren lässt sich überhaupt auf dem Handelsplatz eBay mit Erfolg verkaufen?

Mit den Antworten auf diese Fragen und den nötigen Tipps und Tricks, um Trends möglichst frühzeitig aufzuspüren, wird Ihrem Erfolg als Verkäufer nichts mehr im Wege stehen.

Hier setzt dieses Buch an.Es wird Ihnen alle notwendigen Informationen geben, um Waren und Produkte aller Art zum günstigsten Preis einzukaufen und mit Gewinn wieder zu verkaufen.
Weiterhin bekommen Sie einen Überblick über die Waren, die sich bei eBay sehr gut verkaufen lassen. Außerdem werden Sie vor Produkten gewarnt, die gegen die eBay-Richtlinien verstoßen, schlecht zu handhaben sind oder nach dem Einkauf wie Blei in den Regalen liegen.

Abgerundet wird das Buch durch viele Tipps und Tricks, mit deren Hilfe Sie kommende Trends und Neuerungen frühzeitig erkennen. Sie können dadurch zu den Ersten gehören, die diese Waren bei eBay zum Verkauf anbieten. Der Erfolg wird sich anhand Ihrer Umsatzzahlen zeigen.

<u>Noch eine Warnung:</u>
Sie müssen selbst aufgrund Ihrer Umsätze entscheiden, wann Ihre eBay-Auktionen vom Privatverkauf zur gewerblichen Tätigkeit werden.

Es ist Ihre Pflicht, dieses Gewerbe bei Ihrer Stadt- oder Gemeindeverwaltung anzumelden. Andernfalls drohen hohe Strafen und Steuer-Nachforderungen.

<u>Wege zum Verkaufserfolg</u>

Grundsätzlich hängt Ihr Verkaufserfolg bei Internet-Auktionen in erster Linie von den Produkten ab, die Sie zum Kauf anbieten.

Der Preis spielt überraschenderweise meistens nur die zweite Rolle. Wenn Sie Waren bei eBay verkaufen wollen, für die keine oder nur sehr wenig Nachfrage besteht, können Sie auch über den Preis nur selten einen beachtenswerten Erfolg erzielen. Deshalb ist das Thema Produkte so wichtig.

Natürlich gibt es viele Wege,um mit den eigenen Waren zum Power-Seller zu werden. Man kann die Vorgehensweise aber grob in zwei Bereiche unterteilen:

1. <u>Sie erkennen aufkommende Trends frühzeitig und bieten so Produkte an, die Ihre potenziellen Kunden fast ausschließlich bei Ihnen kaufen können.</u>

Wenn dann die Konkurrenz mit gleichen oder ähnlichen Artikeln auf den Markt drängt, haben Sie schon ein Bomben-Geschäft damit gemacht.

Dazu trägt auch bei,daß sich Trendprodukte meistens in sehr großen Stückzahlen in nur kurzer Zeit verkaufen lassen.

2. Wenn Sie es gerne etwas ruhiger angehen lassen, ist der zweite Weg der Richtige für Sie.

<u>Sie setzen auf Produkte, die sich in Online-Auktionen eigentlich immer gut verkaufen lassen.</u>

So erzielen Sie stetig gute Umsätze. Diese werden zwar etwas geringer ausfallen, als beim zuvor beschriebenen Weg, doch durch die Kontinuität machen Sie trotzdem garantiert einen „guten Schnitt".

Mit welchen Produkten Sie diesen Weg erfolgreich einschlagen können, werden Sie später in diesem Buch ausführlich erfahren.

Natürlich bekommen Sie auch eine Fülle an Bezugsquellen, die die beschriebenen Waren zu Super-Preisen anbieten.

Für alle, die einen möglichst schnellen Erfolg erzielen möchten und daher den ersten Weg gewählt haben, ist das nachfolgende Kapitel bestimmt.

Aufspüren von Trends

Trends kommen und gehen sehr schnell auf dem Handelsplatz eBay.

Zwischen Erfolg und Mißerfolg beim Verkaufen eines neuen Produktes können unter Umständen nur wenige Tage liegen.

Deshalb erfahren Sie nun die besten Tipps und Ticks, um kommende Trends so früh wie möglich zu erkennen und Ihre Verkaufsaktivitäten darauf einzustellen.

Wo kommen Trends eigentlich her?

Viele Produkte, die in Deutschland einen regelrechten Boom auslösen, gibt es in den USA schon seit längerer Zeit.

Grund dafür sind die amerikanischen Hersteller,die zuerst den einheimischen Markt „abgrasen" und erst dann mit dem Export in andere Länder beginnen.

Deshalb hier der erste Tipp:

<u>Schauen Sie sich regelmäßig die Top-Angebote auf der amerikanischen eBay-Website an.</u>

Sie erreichen diese Website unter *www.ebay.com*

Gehen Sie dort in Bereich „Featured Items".Hier finden Sie viele Neuheiten und Trendprodukte.

Natürlich werden nicht alle dort angebotenen Waren nach Deutschland exportiert. Hier ist Ihr Spürsinn gefragt. Suchen Sie sich die Produkte heraus, von denen Sie am ehesten glauben, daß sie bald auf den deutschen Markt kommen werden.

Sprechen Sie dann mit Ihren favorisierten Großhändlern und fragen Sie, ob ein Import dieser Artikel für die nächste Zeit geplant ist.

In vielen Fällen können Sie bei einem geplanten Import schon eine Vorbestellung für die Ware aufgeben.Somit werden Sie zu den Ersten gehören,die diese Produkte auf dem deutschen Markt anbieten können.

Ein weiterer Weg,Trends aufzuspüren,die aus den USA oder anderen Ländern zu uns kommen,ist folgender:

Schauen Sie sich regelmäßig die Produkt-Präsentationen in den TV-Shopping Kanälen an.

Die beiden größten und wichtigsten Sender dieser Art sind **Home-Shopping-Europe** und der **RTL-Shop**.
Natürlich können Sie sich auch auf den Internetseiten dieser Sender umschauen:

www.hse24.de
www.RTLShop.de

Natürlich sind das nicht die einzigen TV-Shopping Sender in Deutschland. Die Anderen können Sie aber getrost vergessen, da diese meist veraltete Produkte zu überhöhten Preisen anbieten. Sie sind also für eine Trend-Recherche unbrauchbar.

Die Vorgehensweise ist gleich wie beim ersten Tipp:
Haben Sie ein interessantes Produkt gefunden,fragen Sie bei einigen Großhändlern Ihrer Wahl nach (am besten per E-Mail), ob dieses Produkt in nächster Zeit in ihr Sortiment aufgenommen wird. Wenn ja, fragen Sie weiter, ob es die Möglichkeit gibt, die Ware schon jetzt vorzubestellen.
Trends werden natürlich nicht nur im Ausland geboren, auch in Deutschland können Sie fündig werden.
Deshalb hier der nächste Tipp:

<u>Surfen Sie regelmäßig auf die Internetseiten der großen deutschen Hersteller und bestellen Sie deren Newsletter, wenn die Möglichkeit dazu besteht.</u>

Gehen Sie dabei folgendermaßen vor:

- Suchen Sie sich im nächsten Kapitel Waren aus, die einen guten Verkaufserfolg bei eBay versprechen.

- Mittels Suchmaschinen im Internet oder in den gelben Seiten der Deutschen Telekom finden Sie passende Hersteller zu diesen Produkten.

Folgende Suchmaschinen kann ich Ihnen empfehlen:
- **www.google.de**
- **www.alltheweb.com**
- **www.fireball.de**

- Schauen Sie sich die Internetseiten dieser Firmen an und suchen Sie nach einem „News"-Bereich. Dort werden oft neue Produkte vorgestellt, die in absehbarer Zeit auf den deutschen Markt kommen.

- Sehr bequem ist ein Newsletter-Abonnement, das viele große Hersteller anbieten. Damit werden Sie automatisch per E-Mail über Neuigkeiten im Produkt-Sortiment informiert. Scheuen Sie sich nicht, viele davon zu abonnieren. Meistens kann man sie durch eine kurze E-Mail jederzeit wieder abbestellen.

- Wenn Sie ein Produkt gefunden haben, gehen Sie wieder wie in den vorigen Tipps beschrieben vor.

Als nächstes möchte ich Ihnen eine Möglichkeit zum Aufspüren von Trends aufzeigen, die zwar etwas Arbeit und Geschick erfordert, in ihren Erfolgen aber unschlagbar ist:

<u>Gehen Sie auf die großen Fachhandels-und Gewerbe-Messen, die mehrmals im Jahr in ganz Deutschland stattfinden.</u>

Dort werden Fachbesucher normalerweise als allererste über Neuheiten im Sortiment der einzelnen Unternehmen informiert.Dieser Informationsvorsprung kann bares Geld für Sie wert sein.

Wenn Sie schon als professioneller Händler (mit Gewerbeschein) bei eBay verkaufen, dürften Sie keine Probleme haben,an Karten für diese Messen zu kommen. Bezüglich Terminen können Sie auf speziellen Internetseiten nachschauen. Die Adressen dazu lassen sich mit Hilfe einer guten Suchmaschine schnell finden.

Haben Sie allerdings noch kein Gewerbe angemeldet,so müssen wir mit kleinen Tricks nachhelfen,um an eine der begehrten Eintrittskarten zu kommen.

Haben Sie einen Verwandten oder Bekannten, der ein eigenes Gewerbe betreibt? Dann können Sie meistens problemlos über diesen an eine Karte kommen.

Sie können auch zu einem Einzelhändler gehen und dort Ihr Anliegen vortragen. Wenn Sie nett fragen,ob er Ihnen eine Karte besorgen kann, wird er bestimmt nicht nein sagen.

Wenn das Alles nicht klappt, schreiben Sie einen Brief (keine E-Mail !) an ein größeres Unternehmen. Dort geben Sie sich als Fachhändler aus und schreiben,daß Sie

an einem Warenankauf größerer Stückzahl interessiert sind.Deshalb möchten Sie auf der entsprechenden Messe ein persönliches Gespräch mit einem Mitarbeiter des Unternehmens führen. Dafür bitten Sie um eine oder mehrere Eintrittskarten.
Sie werden sehen, es klappt ...

Natürlich muss das Anschreiben dazu absolut professionell aussehen. Sehen Sie sich dazu einen beliebigen Firmenbrief an, den Sie mal bekommen haben. Der Rest dürfte mit dem PC und entsprechendem Grafik-Programm kein Problem sein.

Verzeichnis bekannter Fachhandels-Messen:

- ***Frankfurt a.M.***: Ambiente - Messe für Lifestyle etc. (im Februar)

- ***Nürnberg***: Freizeit, Garten & Touristik (im Februar)

- ***Köln***: Stocklots Europe - Messe für Sonderposten,Volumengüter etc. (im März)

- ***Hannover***: CeBit - Messe für Computer,Elektronik,Telekommunikation etc. (im März)

- ***Ulm***: Leben,Wohnen & Freizeit (im April)

- ***Dortmund***: Intermodellbau (im April)

- *München*: Mustermarkt - Messe für Geschenkartikel & Spielwaren (im Juli)

- *Berlin*: IFA - Internationale Funkausstellung (im August)

- *Frankfurt a.M.:* FBM - Frankfurter Buchmesse (im Oktober)

- *München*: Systems - Messe für Informationstechnik (im Oktober)

- *Essen*: Mode, Heim & Handwerk (im November)

- *Essen*: Motor-Show - Autozubehör & Motorsport (im November)

- *Hamburg*: Mineralien - Messe für Mineralien & Edelsteine (im Dezember)

Weiterhin möchte ich Ihnen noch **2 Fachzeitschriften** ans Herz legen:

1) ZENTRALMARKT
2) HANDELS - MAGAZIN

Jede dieser Zeitschriften enthält eine Fülle von Angeboten überwiegend deutscher Hersteller und Großhändler.

Hier finden Sie unzählige Neuheiten und Trendprodukte aus folgenden Bereichen:

- Büro & Computer
- Elektronik
- Geschäftsausstattung
- Geschäftsverbindungen
- Geschenkartikel
- Haushaltsartikel
- KFZ-Zubehör
- Kosmetik/Pharma/Esoterik
- Lederwaren & Schuhe
- Möbel & Wohnen
- Nahrungsmittel
- Schmuck & Edelsteine
- Textilien
- TV/Hifi/Mobilfunk
- Spielwaren
- Kunstmarkt

Fast alle Angebote sind mit Preisen und Verkaufs- bzw. Verpackungseinheiten versehen. Oft können Sie auch Musterpakete mit einer Mischung verschiedener Produkte eines Händlers bestellen. Diese eignen sich besonders, um die Nachfrage nach einzelnen Artikeln bei eBay zu testen.

Das **Handels - Magazin** können Sie bis zu vier Wochen kostenlos testen.Danach wird die Lieferung ohne weitere Verpflichtungen eingestellt.

Den **Zentralmarkt** können Sie ebenfalls vier Wochen gratis beziehen. Allerdings müssen Sie, falls Sie danach keine weitere Lieferung wünschen, innerhalb dieser vier Wochen eine kurze Mitteilung an den Verlag schicken.

Schreiben Sie dazu jeweils eine Postkarte oder einen Brief an die nachstehenden Adressen. Folgende Angaben sollten enthalten sein:

- Name, Adresse (incl. E-Mail-Adresse)
- Telefon- und evtl. Faxnummer
- Angabe der Branche
- Datum und Unterschrift

Die Branchenangabe sollte unbedingt enthalten sein, da die Verlage ihre Probeexemplare gar nicht bzw. nur sehr ungern an Privatpersonen abgeben.
Falls Sie noch kein Gewerbe angemeldet haben,geben Sie die Brache an, in der Ihr zukünftiges Geschäft tätig sein wird. Keine Angst, es wird nichts überprüft.

<u>Anschriften der Verlage:</u>

Handels-Magazin: Patzer Verlag GmbH & CO.KG
Postfach 33 04 55
14174 Berlin

Zentralmarkt: Max Schimmel Verlag
Postfach 94 44
97094 Würzburg

Der Zentralmarkt betreibt übrigens zusätzlich einen Internet - Marktplatz namens **ZENTRADA.**
Hier finden Sie eine riesige Auswahl an Neuheiten, Trendartikeln, Rest- und Sonderposten.
Die Adresse lautet: **www.zentrada.de**
Auch diesen Marktplatz können Sie zunächst kostenlos testen.

<u>Fazit:</u>

Mit diesen Tipps und Tricks werden Sie die Möglichkeit haben, der Konkurrenz immer einen Schritt voraus zu sein.
Ihre Umsätze und Ihr Kontostand werden es Ihnen danken !

Angebot & Nachfrage in den einzelnen eBay-Hauptkategorien

Dieses Kapitel ist jenen Verkäufern gewidmet, die den zweiten Weg zum Verkaufserfolg bevorzugen. Es ist aber auch für Trendartikel-Anbieter interessant, denen der alleinige Handel mit diesen Produkten zu unsicher bzw. risikoreich ist.
Sie können sich damit einen soliden Grundumsatz schaffen, der mit einem Fixum in anderen Berufen vergleichbar ist.

Ich werde in diesem Kapitel auf alle Kategorien eingehen, die bei eBay.de angeboten werden. Dazu gibt es zu jeder einzelnen Hauptkategorie eine Auswertung hinsichtlich Angebot und Nachfrage.
Anhand dieser Bewertungen können Sie schnell und einfach abschätzen, ob ein Verkauf von Waren in dieser Kategorie lohnenswert ist.
Zwei Arten von Produkten sind hier nicht berücksichtigt: Autos & Motorräder. Der Markt für diese Fahrzeuge unterliegt eigenen Gesetzen und die Tipps und Tricks in diesem Buch treffen darauf weniger zu.

Die Bewertungen können natürlich nur Anhaltspunkte sein. Wie gesagt, der Markt ändert sich sehr schnell und durch neu aufkommende Trends können plötzlich Waren in den Mittelpunkt des Käuferinteresses rücken, die zuvor nur wenige Kaufwillige angelockt hatten.

Bevor wir uns jedoch die einzelnen Bereiche ansehen, möchte ich Ihnen noch einige grundlegende Tipps geben, die für alle Produkte gelten, unabhängig von deren Kategorie.

- Von wenigen Ausnahmen abgesehen, sind **Sammler- oder Liebhaber-Gegenstände** zum Verkauf bei eBay sehr interessant. Bei diesen Produkten wird in aller Regel die Nachfrage nicht vom Preis bestimmt. Sammler und Liebhaber sind oft bereit, einen unangemessen hohen Preis für ein lange gesuchtes Stück zu bezahlen.

- **Alte und antike Waren** aller Art stellen eine große Gruppe dieser Waren dar. Wenn Sie eine Möglichkeit haben, zu einem günstigen Preis an solche Waren zu kommen, sollten Sie zuschlagen. Sie werden guten Absatz bei eBay finden.

- Sehr gute Preise erzielen auch alle Artikel, die es nur in **limitierten Stückzahlen oder Ausführungen** gibt.

- **Fanartikel aller Art**, besonders handsignierte, sind ein Dauerbrenner und garantieren sehr gute Gewinne.

- **Markenartikel** lassen sich in der Regel immer besser bei eBay verkaufen als No-Name-Produkte. Allerdings muss hier der Preis stimmen. Trotz der Aldi-Mentalität bei Lebensmitteln sind die Deutschen bei den meisten anderen Waren immer noch sehr markenbewusst.

Nach diesen einführenden Informationen wollen wir uns nun den Auswertungen der eBay-Kategorien zuwenden.

Die Bewertungen bestehen jeweils aus zwei Teilen. Der erste Teil bewertet die Anzahl der eingestellten Artikel in der angesprochenen Kategorie. Teil Zwei bewertet die durchschnittliche Anzahl der abgegebenen Gebote und die damit verbundene Preisentwicklung der einzelnen Auktionen. Auf eventuelle Besonderheiten wird natürlich auch hingewiesen.

Diese Aussagen ergeben sich aus monatelangen Beobachtungen. Sie stellen einen Mittelwert dar, d.h. geben den Durchschnitt von Angebot und Nachfrage im Beobachtungszeitraum wieder. Natürlich kann nicht auf den Preis jedes einzelnen Produktes eingegangen werden. Dies würde den Rahmen um ein Vielfaches übersteigen. Berücksichtigt wurde jedoch die Preisentwicklung Kategorie-typischer Artikel, die mit in die Bewertungen einfliesst.

Interpretation der Bewertungen:

Entscheidend für den Verkaufserfolg eines Produktes ist die Nachfrage. Darauf sollten Sie Ihr Augenmerk als Erstes richten. Der Idealfall wäre eine sehr große Nachfrage in Verbindung mit einem sehr geringen Angebot. Das ist leider nur in den wenigsten Kategorien der Fall. Sie können aber durchaus auch mit Produkten Erfolg haben, für die nur eine durchschnittliche Nachfrage besteht. In diesem Fall sollte das Angebot aber nicht zu groß sein, damit Sie sich nicht gegen eine übermäßige Konkurrenz behaupten müssen.

Bei durchweg durchschnittlich bewerteten Kategorien kommt es darauf an, wie günstig Sie an die entsprechende Ware kommen. Lassen Sie es im Zweifelsfall auf einen Versuch ankommen und lernen daraus.

Der schlechteste Fall ist dagegen eine Kategorie mit großem bzw. sehr großem Angebot bei gleichzeitig nur geringer Nachfrage. Hier sollten Sie Abstand vom Verkauf dieser Waren nehmen.

Zeichenerkärung:

A=Angebot, d.h.durchschnittliche Anzahl der Auktionen und Festpreisangebote in dieser Kategorie.
Schlüssel:
„--" = sehr geringes Angobot (<500 Artikel)
„-" = geringes Angebot (501-1500 Artikel)
„o" = durchschnittliches Angebot (1501-5000 Artikel)
„+" = großes Angebot (5001-15000 Artikel)
„++"= sehr großes Angebot (>15000 Artikel)

N=Nachfrage, d.h.Anzahl der Gebote und durchschnittl. Preisentwicklung der einzelnen Auktionen.

Schlüssel:

„--" = sehr wenige Gebote, keine oder nur sehr schlechte
        Preisentwicklung

„-" = wenige Gebote, schlechte Preisentwicklung

„o" = durchschnittl.Anzahl der Gebote,durchschnittl.oder
        schlecht vorhersehbare Preisentwicklung

„+" = viele Gebote,gute Preisentwicklung

„++"= sehr viele Gebote,sehr gute Preisentwicklung

Eventuelle Besonderheiten werden im Anschluß an die
Symbole beschrieben.

Die Kategorien:

1. Audio & Hi-Fi

Bandmaschinen	A= - N= +
CD-Brenner & CDRW-Rekorder	A= -- N= ++
CD-Player	A= o N= +
CD-Wechsler	A= - N= ++
DJ-Equipment	A= o N= +
HI-FI-Raritäten	A= o N= +
HI-FI-Zubehör	A= o N= -
Highend	A= o N= o
Karaoke	A= -- N= o
Kassettendecks	A= o N= -
Anm.:größere Nachfrage bei Edelmarken!	
Kopfhörer (Anm. siehe Kassettendecks)	A= - N= o
Lautsprecher (Anm. siehe Kassettendecks)	A= o N= o
Licht & Effekte	A= o N= -

Mikrofone (Anm. siehe Kassettendecks)	A= - N= -
Minidisc	A= - N= +
PA-Systeme & Beschallung	A= o N= o
Plattenspieler	A= - N= -
Radios & Rekorder (Anm. s. Kassettendecks)	A= o N= -
Receiver	A= - N= o
Stereoanlagen	A= o N= o
Studioequipment	A= o N= +
Surroundsysteme	A= - N= +
Tragbare CD-Player	A= - N= o
Walkman	A= - N= -
MP3-Player (Anm. siehe Kassettendecks)	A= o N= o
Tuner	A= - N= +
Verstärker	A= - N= ++
Für Bastler	A= - N= o

2. Auto & Motorrad

Automobile & spezielle Fahrzeuge	Sonderfall
Auto-HI-FI & Navigation	A= ++ N= +
Tuning & Styling	A= ++ N= o
Teile & Zubehör für Autos	A= ++ N= o
Automobilia	A= ++ N= -
Motorräder	Sonderfall
Teile & Zubehör für Motorräder	A= ++ N= +
Werkzeug & Werkstatt	A= o N= o
Boote	A= -- N= -
Teile & Zubehör für Boote	A= - N= o
Flugzeuge	A= -- N= --
Teile & Zubehör für Flugzeuge	A= -- N= o
Sonstige	A= o N= -

3. Baby

Babyzubehör	A= + N= o
Baby gut aufgehoben	A= o N= o
Badezubehör	A= - N= o
Baby-Pakete & -Sets	A= + N= +
Babykleidung	A= ++ N= o
Marken-Babykleidung	A= ++ N= +
Taufe	A= - N= +
Babyschuhe	A= o N= o
Babyspielzeug	A= + N= +
Kinderwagen	A= o N= ++
Bettausstattung	A= o N= +
Kindermöbel	A= o N= +
Reisebetten	A= -- N= +
Babyschalen	A= - N= o
Auto-Kindersitze	A= o N= +
Frühchen & Frühgeborene	A= -- N= +
Zwillinge	A= - N= o
Bücher & Zeitschriften	A= - N= +
Sonstige	A= - N= o

4. Briefmarken

Deutschland	(Raritäten: N= +)	A= ++ N= -
Österreich		A= o N= o
Schweiz		A= o N= o
Europa		A= + N= o
International		A= o N= -
Motive		A= + N= -
Varia		A= + N= o

Gültige Frankaturware	A= -- N= ++
Zubehör	A= o N= o

5. Bücher

Belletristik (neue und bekannte Titel: N= +)	A= ++ N= -
Hörbücher	A= o N= +
Englischsprachige Bücher	A= o N= o
Kinder & Jugendliteratur	A= ++ N= o
Kunst & Kultur	A= ++ N= o
Nachschlagewerke	A= + N= -
Reise & Regionales	A= + N= o
Sachbücher & Ratgeber	A= ++ N= o
Schule & Ausbildung	A= + N= +
Studium & Wissen	A= + N= +
Zeitschriften (in Deutschland seltene: N= +)	A= ++ N= -
Sammlungen & Pakete	A= o N= o
Sonstige Bücher & Medien	A= o N= -

6. Business & Industrie

Agrar- & Forstwirtschaft	A= o N= +
Bau & Handwerk	A= o N= +
Büro	A= ++ N= o
Dienstleistungen	A= o N= o
Druckindustrie & Copyshop	A= - N= +
Elektrotechnik & Elektronik	A= o N= o
Gastronomie & Hotellerie	A= o N= o
Geschäfts- & Firmenverkäufe	A= - N= o
Holzindustrie	A= - N= o
Industrie- & Gewerbebedarf	A= + N= -

KFZ-Industrie & -Werkstatt	A= -- N= +
Labor & Wissenschaftsbedarf	A= -- N= ++
Ladenausstattung & Messebau	A= o N= o
Medizin- & Dentalbedarf	A= + N= o
Metallindustrie	A= o N= o
Großhandel	A= + N= +
Sonstige Industrie	A= -- N= -
Sonstiges	A= - N= -

7. Computer

Apple	A= o N= +
Bannerwerbeplatz	A= o N= -
CD	A= + N= +
Controller	A= o N= o
CPU`s	A= + N= +
Domainnamen	A= o N= -
Drucker	A= ++ N= +
DVD	A= o N= +
Eingabegeräte	A= + N= o
Festplatten	A= + N= o
Floppy, Zip & Streamer	A= o N= o
Gehäuse	A= + N= o
Grafikkarten	A= o N= +
Kabel & Adapter	A= + N= -
Klassische Computer	A= o N= +
Komponentenbundles	A= - N= +
Literatur	A= + N= -
Monitore & TFT-Displays	A= o N= +
Motherboards	A= o N= o
Multimedia	A= + N= o

Netzwerk	A= + N= o
Notebooks	A= + N= ++
PC-Systeme	A= + N= +
RAM-Speicher	A= + N= +
Scanner	A= o N= o
Telekommunikation & Internet	A= + N= +
Für Bastler	A= - N= o
Sonstige	A= o N= o

8. Elektrogeräte

Backöfen & Herde	A= o N= o
Gefriergeräte & Kühlschränke	A= o N= o
Kaffee & Espresso	A= o N= o
Kleingeräte Haushalt	A= o N= o
Kleingeräte Küche	A= + N= o
Kleingeräte Pflege & Wellness	A= o N= +
Staubsauger	A= o N= +
Spülmaschinen	A= - N= o
Sonstige Elektrogeräte	A= o N= o
Trockner & Waschmaschinen	A= - N= +

9. Feinschmecker & Beauty

Aromatherapie	A= -- N= -
Beautyartikel	A= o N= o
Gesichtspflege	A= o N= +
Gesundheit	A= o N= o
Gewichtsreduzierung	A= o N= +
Haarpflege	A= o N= o

Homöopathie	A= -- N= o
Körperpflege	A= o N= o
Kosmetika	A= + N= +
Medizin	A= o N= +
Nahrungsergänzung	A= - N= +
Parfum (bekannte Marken: N= ++)	A= + N= +
Sauna	A= -- N= -
Solarium	A= - N= -
Massage	A= - N= o
Vitamine & Mineralien	A= -- N= -
Wellness	A= - N= -
Champagner, Sekt & Schaumweine	A= - N= o
Bar & Spirituosen	A= o N= +
Nahrungsmittel & Spezialitäten	A= + N= +
Deutsche Weine	A= - N= +
Französische Weine	A= o N= +
Italienische Weine	A= o N= o
Österreichische Weine	A= -- N= +
Spanische Weine	A= -- N= o
Sonstige Weinregionen	A= - N= o
Sonstige Weinraritäten	A= -- N= o
Weinzubehör	A= - N= o
Zigarren & Tabakwaren	A= o N= o

10. Filme & DVDs

Videokassetten	A= ++ N= o
Anm.:spez.Genres,z.B.Erotik,Eastern etc.:N= +	
DVD	A= ++ N= +
Film Sonstige	A= o N= +

Fanartikel TV & Kino	A= + N= o
Anm.: sehr seltene Stücke: N= ++	

11. Foto & Camcorder

Analoge Camcorder	A= - N= +
Augenoptik (Markenbrillen: N= +)	A= o N= o
Camcorder-Zubehör	A= o N= o
Dia-Fotografie	A= - N= +
Digitale Camcorder	A= - N= +
Digitalkameras	A= + N= ++
Digitalkamera-Zubehör	A= + N= o
Film	A= - N= o
Film & Videoschnitt	A= - N= o
Filter	A= o N= +
Foto-Dienstleistungen	A= -- N= o
Foto-Zubehör	A= + N= o
Kameras, sonstige	A= o N= o
Kleinbildkameras	A= o N= +
Labor & Dunkelkammer	A= - N= ++
Mittelformatkameras	A= - N= ++
Objektive, Autofokus	A= o N= +
Objektive, manueller Fokus	A= o N= +
Optik	A= o N= +
Photographica	A= o N= o
Professional Broadcasting	A= -- N= +
Speicherkarten	A= o N= ++
Spiegelreflexkameras	A= o N= +
Studioausstattung	A= - N= o
Für Bastler	A= -- N= +

11. Handy, Festnetz & Organizer

Handys ohne Vertrag	A= ++ N= ++
Smartphones	A= -- N= o
Handys mit Vertrag	A= o N= -
PrePaid-Karten & -Pakete	A= o N= +
Handy-Zubehör	A= ++ N= o
PDAs & Organizer	A= + N= +
PDA & Organizer-Zubehör	A= + N= +
Anrufbeantworter	A= - N= -
Telefone, analog	A= + N= +
ISDN-Telefone	A= o N= ++
Faxgeräte	A= - N= +
Telefonanlagen	A= o N= +
Wireless	A= -- N= +
Festnetz-Zubehör	A= o N= o

12. Haus & Garten

Bad & Sauna	A= + N= o
Dekoration	A= ++ N= o
Designermöbel & Interieur	A= o N= +
Garten (Saisonabhängig,z.B.im Sommer:N= +)	A= ++ N= o
Hobby & Künstlerbedarf	A= ++ N= +
Küche & Haushalt	A= ++ N= o
Möbel & Einrichtungen	A= ++ N= o
Party & Geschenke	A= o N= o
Tierwelt	A= ++ N= o
Anm.: Zubehör für Exoten: N= +	
Aquaristikartikel: N= +	

13. Heimwerker

Alternative Energie	A= -- N= o
Elektrowerkzeuge	A= + N= +
Gebäudebausätze	A= -- N= -
Reinigungsgeräte	A= - N= o
Sicherheitstechnik	A= o N= o
Werkzeug	A= + N= o
Baustoffe	A= o N= +
Wand & Boden	A= o N= o
Eisenwaren	A= o N= o
Elektromaterial	A= + N= o
Farben	A= - N= o
Holz	A= - N= +
Lampen & Licht	A= o N= -
Messtechnik	A= -- N= o
Bad & Küche	A= o N= -
Installation	A= + N= o
Werkstattausrüstung	A= - N= o

14. Kleidung & Accessoires

Anmerkung: In Bezug auf die Nachfrage nach den Produkten in dieser Kategorie besteht ein gewichtiger Unterschied zwischen Markenware und No-Name-Ware. Die hier angegebenen Bewertungen stellen den Durchschnitt aller Produkte dar. Markenware erzielt generell bessere Nachfrage und Verkaufspreise, No-Name-Ware generell schlechtere. Bitte bedenken Sie dies vor dem Warenankauf.

Damenbekleidung	A= ++ N= o
Damen-Accessoires	A= + N= o
Damenschuhe	A= ++ N= o
Damen-Designerbekleidung	A= ++ N= +
Damen-Designer-Accessoires	A= + N= +
Herrenbekleidung	A= ++ N= o
Herren-Accessoires	A= + N= +
Herrenschuhe	A= ++ N= +
Herren-Designerbekleidung	A= ++ N= +
Herren-Designer-Accessoires	A= o N= +
Mode nach Jahrzehnten	A= o N= o
Kinderkleidung Jungen	A= ++ N= +
Kinderkleidung Mädchen	A= ++ N= +
Teenskleidung Jungen	A= + N= +
Teenskleidung Mädchen	A= + N= +
Hochzeit	A= o N= -
Kleidung, sonstige	A= + N= -

15. Kunst & Antiquitäten

Alte Weine & Spirituosen	A= -- N= o
Antike	A= - N= -
Antikschmuck & -uhren	A= o N= o
Antikspielzeug	A= o N= +
Antiquarische Bücher	A= ++ N= -
Architektur & Garten	A= o N= -
Design & Stil	A= o N= o
Fotografie & Fotokunst	A= o N= -
Glas & Kristall	A= o N= -
Grafik: Drucke	A= + N= -

Grafik: Handzeichnung	A= - N= -
Holz- & Beinarbeiten	A= - N= --
International	A= + N= --
Jagd & Fischen	A= - N= o
Keramik & Fayencen	A= o N= -
Künstlerbedarf	A= - N= o
Künstler-Selbstvermarktung	A= o N= o
Malerei (seltene & besondere Objekte: N= o)	A= + N= --
Metallobjekte	A= + N= -
Mobiliar & Interieur	A= + N= -
Musikinstrumente	A= -- N= o
Nautika & Maritimes	A= - N= -
Photographica & Film	A= - N= o
Plastik & Skulptur	A= - N= -
Porzellan	A= + N= o
Plakate & Kunstdrucke	A= o N= --
Premiumobjekte	A= -- N= --
Religiöse Volkskunst	A= o N= -
Silber	A= o N= o
Technik, Werkzeug & Geräte	A= + N= -
Textilien & Kleidung	A= o N= o
Varia	A= - N= o

16. Modellbau

Modelleisenbahn	A= ++ N= +
Modelleisenbahn Spur HO	A= ++ N= +
Modellautos	A= ++ N= +
Modellbausätze & Standmodelle	A= + N= -
RC-Modellbau	A= + N= o

Rennbahnen & Slotcars	A= + N= +
Werkzeug	A= o N= o

17. Münzen

Münzen Altertum	A= - N= +
Münzen Mittelalter	A= -- N= +
Münzen Altdeutschland bis 1871	A= - N= +
Münzen Dt. Reich 1871-1945	A= o N= +
Münzen Deutschland ab 1945	A= + N= o
Münzen Österreich	A= o N= +
Münzen Schweiz	A= - N= -
Münzen Europa	A= ++ N= +
Münzen International	A= o N= o
Münzen Motive	A= - N= +
Münzen Varia	A= - N= +
Münzen Zubehör	A= o N= o
Medaillen	A= o N= o
Papiergeld Deutschland	A= + N= o
Papiergeld Welt	A= o N= +
Historische Wertpapiere	A= o N= o

18. Musik

CDs (aktuelle & sehr alte Titel: N= +)	A= ++ N= o
Schallplatten (seltene Titel: N= +)	A= ++ N= o
Sonstige Formate	A= o N= -
Hörspiele (einige Serien, z.B. ALF: N= ++)	A= + N= o
Fanartikel & Superstars (seltene Stücke: N=++)	A= ++ N= -

19. Musikinstrumente

Blasinstrumente	A= o N= +
Dienstleistungen	A= -- N= --
Drums & Percussion	A= o N= +
Einsteigerinstrumente	A= -- N= o
Exotische Instrumente	A= -- N= o
Gitarren	A= + N= +
PAs & Liveequipment	A= o N= o
Selbstvermarktung	A= -- N= --
Streich- & Zupfinstrumente	A= o N= o
Studioequipment	A= o N= +
Tasteninstrumente	A= o N= o
Zubehör	A= o N= o
Sammlerstücke	A= -- N= +
Sonstige	A= -- N= o
Noten & Songbooks	A= + N= -

20. PC- & Videospiele

Apple	A= -- N= +
PC-Spiele	A= ++ N= +
Internetspiele	A= o N= +
Klassische Computer	A= - N= o
Nintendo GameCube	A= o N= ++
Nintendo Gameboy	A= + N= ++
Nintendo, sonstige	A= + N= -
PlayStation	A= + N= o
PlayStation 2	A= + N= +
Dreamcast	A= o N= +

Sega	A= o N= o
Xbox	A= o N= +
Klassische Konsolen	A= o N= o
Merchandising	A= -- N= +
Literatur	A= - N= -
Sonstige	A= - N= o

21. Porzellan & Glas

Porzellan	A= ++ N= o
Glas & Kristall	A= + N= o
Keramik	A= + N= -
Pflege & Reparatur	A= -- N= --

22. Puppen & Teddys

Bärenmachen	A= -- N= -
Barbie	A= o N= o
Bean Bags	A= o N= --
Antikpuppen	A= o N= +
Künstlerpuppen	A= o N= +
Marionetten	A= -- N= -
Modepuppen	A= -- N= -
Markenpuppen	A= o N= +
Puppen nach Material	A= o N= -
Puppenhäuser & -stuben	A= o N= +
Puppenzubehör	A= o N= o
Puppenklinik	A= -- N= o
Puppenmachen	A= -- N= +
Steiff	A= o N= +

Teddys	A= o N= o
Teddyzubehör	A= -- N= +
Plüschtiere	A= o N= --
Sonstige Kuscheltiere	A= o N= +
Sonstiges	A= - N= -

23. Reise

Kurzreisen	A= - N= ++
Urlaubsreisen	A= - N= o
Sport & Freizeit	A= -- N= o
Ferienwohnungen & -häuser	A= - N= -
Timeshare	A= -- N= -
Unterkünfte, sonstige	A= -- N= o
Flugtickets	A= -- N= +
Bahntickets	A= -- N= +
Camping & Outdoor	A= o N= +
Reiseaccessoires	A= o N= o
Reiseführer	A= - N= o
Landkarten & Stadtpläne	A= -- N= o
Reisevideos & -DVDs	A= -- N= o
Sonderleistungen	A= -- N= +
Reisen Sonstige	A= - N= +

24. Sammeln & Seltenes

Ansichtskarten	A= ++ N= -
Autogramme & Autographen	A= ++ N= o
Büro, Papier & Schreiben	A= o N= o
Comics	A= ++ N= +

DDR & Ostalgie	A= + N= o
Disneyana	A= o N= o
eBayana	A= -- N= o
Esoterik, Mystik & Magie	A= - N= +
Fan-Memorabilia	A= o N= +
Fantasy	A= + N= o
Figuren	A= ++ N= o
Flakons	A= o N= o
Memorabilia	A= + N= +
Militaria	A= ++ N= +
Mineralien & Fossilien	A= o N= o
Pins & Anstecknadeln	A= + N= +
Reklame & Werbung	A= ++ N= o
Rollenspiele & Tabletops	A= + N= ++
Romanhefte	A= o N= +
Saisonales & Feste	A= o N= +
Sammelbilder	A= o N= +
Science Fiction	A= + N= o
Serien & Lizenzprodukte	A= + N= +
Tabakwaren, Zippos & Pfeifen	A= + N= +
Technik & Geräte	A= + N= +
Telefonkarten	A= o N= ++
Total Verrücktes	A= - N= o
Trading Cards	A= + N= ++
Transport	A= + N= o
Überraschungseier (sehr seltene: N= ++)	A= ++ N= o
Anm: VORSICHT VOR FÄLSCHUNGEN !	
Vintage Kleidung	A= -- N= +
Weitere Sammelgebiete	A= ++ N= o
Welt der Tiere	A= o N= -

25. Software

Apple	A= - N= +
Betriebssysteme	A= o N= +
Business	A= - N= o
Programmierung & Internet	A= o N= o
Multimedia	A= o N= o
Hobby & Unterhaltung	A= o N= o
Klassische Computer	A= -- N= +
Lernsoftware & Sprachen	A= + N= o
Office-Produkte	A= o N= +
Steuer & Finanzen	A= o N= o
Tools & Hilfsprogramme	A= o N= o
PDA- & Organizer-Software	A= -- N= o
Speichermedien	A= -- N= -
Sonstige	A= o N= o

26. Spielzeug

Aktuelle Actionfiguren	A= -- N= +
Basteln & Kreativität	A= o N= o
Baukästen & Konstruktion	A= o N= +
Bey Blades	A= -- N= o
Elektronisches Spielzeug	A= o N= o
Blechspielzeug (seltene Stücke: N= ++)	A= o N= +
Film & Fernsehen	A= o N= +
Holzspielzeug	A= + N= o
Kinderfahrzeuge	A= o N= o
Kleinkindspielzeug	A= o N= o
Lego	A= ++ N= +

Lernspielzeug	A= o N= +
Kinder-Badespass	A= - N= o
Musik & Instrumente	A= - N= -
Playmobil	A= + N= ++
Puppen	A= o N= +
Schule	A= o N= o
Spieldosen	A= -- N= +
Spielzeug für draußen	A= o N= o
Spielzeugautos	A= o N= o
Stofftiere	A= o N= -
Gesellschaftsspiele	A= ++ N= +
Sonstige	A= o N= +

27. Sport

Angelsport	A= + N= o
Fußball	A= + N= +
Fußball-Fanshop	A= + N= +
Golf	A= + N= +
Tennis	A= o N= +
Ballsport, sonstiger	A= + N= +
Bootsport	A= o N= +
Fitness	A= + N= +
Flug- & Drachensport	A= - N= +
Funsport	A= + N= o
Inlineskating	A= + N= +
Radsport	A= ++ N= +
Reitsport	A= + N= +
Skisport (A & N stark Saisonabhängig!)	A= o N= o
Snowboarding (Anm. siehe Skisport)	A= o N= o

Sonstiger Wintersport (Anm.siehe Skisport)	A= o N= +
Sonstige Sportarten	A= + N= o
Tauchen	A= o N= o
Sonstiger Wassersport	A= o N= o
Sporttaschen & Rucksäcke	A= o N= o
Memorabilien	A= o N= o
Pokale & Preise	A= -- N= -
Trading Cards	A= o N= +

28. Tickets

Mit Tickets bzw. Eintrittskarten sollten nur erfahrene Verkäufer handeln. Zwar sind sehr gute Gewinne möglich,doch die Nachfrage schwankt von Veranstaltung zu Veranstaltung sehr stark. Auch die Wahl der zu verkaufenden Mengen ist eine schwierige Sache, da die Tickets nach Ablauf der Veranstaltung natürlich jeglichen Wert verlieren.

Die nachfolgenden Angaben zu Angebot und Nachfrage sind nur ein Mittelwert für die jeweilige Stadt bzw. Region. Einzelne Veranstaltungen können deutlich davon abweichen.

Berlin, Potsdam & Region	A= - N= ++
Bremen, Oldenburg & Region	A= -- N= o
Dresden, Chemnitz & Region	A= -- N= o
Düsseldorf & Region	A= -- N= +
Hamburg & Region	A= - N= +

Hannover & Region	A= - N= ++
Karlsruhe, Baden-Baden & Region	A= -- N= +
Kassel, Göttingen & Region	A= -- N= +
Köln, Bonn & Region	A= - N= ++
Leipzig, Halle & Region	A= -- N= o
Leverkusen & Region	A= -- N= +
München & Region	A= - N= ++
Nürnberg, Erlangen & Region	A= -- N= o
Rhein-Main	A= -- N= ++
Rhein-Neckar	A= -- N= +
Ruhrgebiet	A= o N= +
Stuttgart, Heilbronn & Region	A= -- N= ++
Österreich	A= -- N= o
Schweiz	A= -- N= o
Sonstige Städte & Regionen	A= - N= +
Gutscheine	A= -- N= ++

29. TV, Video & Elektronik

DVD-Player	A= o N= +
DVD-Rekorder	A= -- N= +
Fernseher	A= o N= +
Videorekorder	A= o N= o
Digitale Videorekorder	A= -- N= +
Heimkino	A= o N= +
Videoprojektoren	A= - N= ++
PayTV-Decoder	A= o N= ++
Sat-Systeme	A= o N= +
Elektronik	A= + N= o
Funktechnik	A= o N= o

Wissenschaftliche Geräte	A= - N= +
Für Bastler	A= - N= +

30. Uhren & Schmuck

Luxusuhren	A= + N= ++
Klassische Armbanduhren	A= + N= +
Trenduhren	A= o N= +
Swatch-Uhren	A= o N= +
Sportuhren	A= o N= o
Sammleruhren	A= o N= +
Sonstige Uhren	A= + N= o
Antikschmuck	A= o N= +
Markenschmuck	A= o N= +
Edelstahlschmuck	A= - N= ++
Goldschmuck	A= + N= o
Herrenschmuck	A= - N= +
Perlenschmuck	A= o N= o
Platinschmuck	A= -- N= o
Silberschmuck	A= + N= o
Titanschmuck	A= -- N= +
Weißgoldschmuck	A= - N= o
Edelsteine	A= + N= +
Haarschmuck	A= -- N= o
Modeschmuck	A= + N= o
Folkloreschmuck	A= o N= o
Zubehör	A= o N= o
Luxus-Accessoires	A= o N= +

<u>Anmerkung zu den Auswertungen:</u>

Die Kategorien werden von eBay öfters geändert, bearbeitet oder neu strukturiert. Dies hat aber in den wenigsten Fällen Auswirkungen auf die Bewertungen.
Im Zweifelsfall suchen Sie die Kategorie, die Ihrem Produkt am nächsten kommt. Wenn die Ware in mehrere Kategorien passt und diese sehr unterschiedliche Bewertungen aufweisen, suchen Sie Ihr Produkt mittels der eBay-Suchfunktion und vergleichen Sie Angebote und Nachfrage.

So, nun haben Sie das nötige Grundwissen, um Waren aufzuspüren, die sich bei eBay erfolgreich und mit gutem Gewinn verkaufen lassen.
Damit Sie dieses Wissen auch umsetzen können, folgen nun zwei sehr wichtige Kapitel dieses Buches:

- **Die Bezugsquellen**

Nicht jeder möchte seine Waren gleich im Großhandel einkaufen, obwohl dies oft auch ohne Gewerbeschein möglich ist.
Daher erfahren Sie im folgenden Kapitel, welche Einkaufsmöglichkeiten sich dem Einsteiger sonst noch bieten.
Im darauf folgenden Kapitel erfahren Sie alles über die Einkaufquellen der Profis und Vielverkäufer. Und damit

das Ganze nicht nur theoretischer Natur ist, bekommen
Sie gleich die Internetadressen der besten, bekanntesten
und günstigsten Handelsplätze und Großhändler
mitgeliefert.

Dies ist aber noch nicht alles:

Sie bekommen auch einige Webseiten vorgestellt, die
(noch) fast unbekannt sind und durchaus als Geheimtipps
gelten können.

Bezugsquellen für Einsteiger/Gelegenheitsverkäufer

Zuerst eine Warnung:

Kaufen Sie keine Waren, von deren Eignung zum Verkauf Sie nicht restlos überzeugt sind.
Selbst wenn Sie diese zu einem besonders günstigen Preis angeboten bekommen, könnten Sie beim Verkauf Ihr blaues Wunder damit erleben. Was nützen Ihnen die billigst eingekaufen Produkte, wenn sie sich schlecht oder gar nicht verkaufen lassen und letztendlich wie Blei in den Regalen liegen?

Persönliches Umfeld:

Dies ist die naheliegendste Quelle, nachdem Sie den eigenen Haushalt nach Dingen durchsucht haben, die sich bei eBay verkaufen lassen.
Fragen Sie Freunde, Verwandte, Arbeitskollegen oder Nachbarn,ob diese gemeinsam mit Ihnen ihre Dachböden und Keller nach verwertbaren Dingen absuchen. Bieten Sie an, für die gefundenen Sachen entweder gleich einen Pauschalpreis zu bezahlen oder beteiligen Sie den „Spender" am Gewinn, den die Waren beim Verkauf abwerfen. Eine Gewinnaufteilung von 60:40 zu Ihren Gunsten wäre denkbar. Das ist angesichts der Arbeit, die Sie mit dem Einstellen haben und der Angebotsgebühren für eBay eine faire Teilung. Natürlich können Sie auch noch bessere Konditionen aushandeln.

<u>Handzettel:</u>

Eine weitere Möglichkeit, die Dachböden und Keller von Privatleuten zu „erleichtern", ist das Drucken von Handzetteln.
Schreiben Sie am PC eine Vorlage, in der Sie anbieten, Waren kostenlos abzuholen oder anzukaufen. Natürlich können Sie dem Verkäufer auch hier die 60:40-Regelung anbieten.
Auch hier wieder die Warnung: Kaufen Sie nur Waren, von deren Eignung zum Verkauf Sie überzeugt sind.

Aus diesem Grund sollten Sie auf den Handzetteln genau angeben, an welcher Art von Produkten Sie interessiert sind. Das schreckt auch Leute ab, die einfach mal ihren alten Schrott loswerden und sich damit den Sperrmüll sparen wollen.

Geben Sie in der Vorlage am besten eine Handynummer an, damit potenzielle Kunden Sie jederzeit erreichen können.

Gehen Sie mit der fertigen Vorlage zu einer Druckerei oder einem Copyshop (vorher Preise vergleichen!) und lassen sich die Zettel in beliebiger Anzahl drucken oder kopieren.
Diese können Sie nun selbst in Ihrer Nachbarschaft verteilen. Natürlich gibt es auch spezielle Prospekt-Verteiler-Agenturen,die Ihnen diese Arbeit gegen Entgeld

abnehmen. Auch die Deutsche Post bietet diesen Service an. Natürlich lohnt sich auch hier wieder ein Preisvergleich.

Achten Sie darauf, daß das Verteilgebiet zu den Waren passt, die Sie suchen. So wäre es z.B. ungünstig, nach Kunst und Antiquitäten in reinen Arbeitervierteln zu suchen.

<u>Flohmarkt:</u>

Auf Flohmärkten lässt sich so manches Schnäppchen machen.
Leider sind heutzutage die bekannten, großen Flohmärkte von unzähligen gewerblichen Händlern bevölkert. Da diese im Grunde das gleiche Geschäft betreiben wie Sie als eBay-Händler, kommen sie als Einkaufquelle kaum in Frage.
Suchen Sie sich daher lieber kleine, wenig bekannte Flohmärkte für Ihre Einkäufe aus. Dort finden Sie auch oft Stände von Kindern und Jugendlichen. Wenn Sie z.B. mit Spielwaren, Puppen oder Videospielen handeln, werden Sie diese dort besonders günstig bekommen - ein kleiner Geheimtipp.

Ansonsten sollten Sie natürlich auch auf Flohmärkten nur Waren kaufen, die sich gut bei eBay verkaufen lassen. Kaufen Sie deshalb im Zweifelsfall lieber nicht gleich, sondern lassen Sie sich die Telefonnummer des Verkäufers geben. Dann können Sie erst in Ruhe zuhause recherchieren, ob sich der Verkauf lohnt.

Viele Käufer nehmen auch dieses Buch mit auf ihre Einkaufstouren, um gleich vorort Anhaltspunkte über die Nachfrage bestimmter Waren bei eBay zu haben - eine gute Idee.

<u>Kleinanzeigen & Inserate:</u>

Sicher bekommen auch Sie jede Woche eine oder mehrere kostenlose Wochenzeitungen. Darin findet sich auch fast immer eine Rubrik mit privaten Kleinanzeigen.

Machen Sie es sich zur Gewohnheit, diese Anzeigen wöchentlich zu durchforsten. Oft finden Sie Annoncen zu Haushaltsauflösungen, in denen große Mengen Kleinmöbel, Elektrogeräte, Kleidung und vieles mehr angeboten werden. Eine ideale Einkaufsquelle ...

Diese Inserate finden sich auch in speziellen Anzeigenblättern, die meistens zum Wochenende erscheinen. Einige davon sind z.B. Das Inserat, Sperrmüll oder Die zweite Hand.

Natürlich können Sie auch selbst eine Suchanzeige in solchen Blättern aufgeben. Das ist meistens kostenlos. Achten Sie aber auch hier wieder darauf, die Art von Waren, die Sie suchen, genau zu beschreiben. Damit bleiben Ihnen viele unnötige Anrufe erspart.

Warum in die Ferne schweifen, wenn das Gute doch so nah liegt?

Auch bei eBay können Einsteiger günstig an Ware zum Wiederverkauf kommen. In der Rubrik *„Business & Industrie"* gibt es eine Fülle solcher Angebote. Oft werden auch gemischte Restposten-Pakete angeboten, die für Einsteiger sehr interessant sein können. Sie minimieren das Risiko, eine große Stückzahl schlecht verkäuflicher Waren zu erwerben und dann auf einem Großteil sitzen zu bleiben.

Achten Sie allerdings bei diesen Angeboten unbedingt auf das Bewertungsprofil des Verkäufers. Dieses sagt viel darüber aus, ob er wirklich gut verkäufliche Ware anbietet oder nur seinen „alten Schrott" loswerden will.

Diese gemischten Pakete finden Sie auch vielfach in der Kategorie *„Top-Angebote"*. Natürlich gilt auch hier, sich das Bewertungsprofil genau anzuschauen. Achten Sie besonders darauf, das in solchen Paketen möglichst keine sogenannten „Kleinpreisartikel" vorhanden sind. Es ist eine schlechte Angewohnheit vieler Anbieter, solche Waren massenweise in ihre Pakete zu geben, um dann damit zu werben, daß man z.B. für nur 50.- Euro ein Paket mit über 100 Teilen bekommt.

Nachdem man die Sendung dann bekommen hat, folgt

meistens die Ernüchterung. Die angepriesenen 100 Teile bestehen aus 30 Kugelschreibern, 30 Elektrokabeln und 40 Batterien. An einen Verkauf mit guten Gewinn braucht man hier nicht zu hoffen ...

Auch auf dem Sektor Handyzubehör werden viele gemischte Pakete angeboten. Achten Sie hierbei unbedingt darauf, daß das im Paket enthaltene Zubehör für aktuelle Geräte bestimmt ist. Es nützt Ihnen nichts, 200 Handytaschen für supergünstige 99.- Euro zu kaufen, wenn die dazu passenden Handymodelle schon seit Jahren nicht mehr auf dem Markt sind.

Bezugsquellen für Profis und Vielverkäufer

Haben Sie das vorangehende Kapitel übersprungen, weil Sie gleich richtig loslegen wollen? Als professioneller eBay-Händler? Dann sind Sie hier richtig.

Nachfolgend erfahren Sie besten und günstigsten Bezugsquellen für professionelle eBay-Händler und solche, die es werden wollen.

Hersteller & Großhändler:

Die Haupt-Einkaufsquelle für eBay-Händler sind Hersteller und Großhändler. Bedingung, um bei diesen Firmen einzukaufen, ist fast immer eine Gewerbeanmeldung. Allerdings wird diese, meiner Erfahrung nach, nicht von jedem Hersteller oder Händler überprüft. Das heisst, Sie könnten theoretisch auch ohne Gewerbeanmeldung bei einigen dieser Firmen einkaufen. Allerdings muss ich Sie darauf aufmerksam machen, das Sie sich beim Verkauf von Neuwaren mit Gewinnabsicht ohne Gewerbeanmeldung strafbar machen. Aber das wissen Sie sicher schon ...

Viele der Hersteller und Händler betreiben eigene Online-Shops, in denen Sie nach Lust und Laune stöbern und gleich bestellen können. Dabei ist zu beachten, daß beim Handel unter Gewerbetreibenden die Mehrwertsteuer (z.Zt. 16%) gesondert berechnet wird.

Die nachfolgenden Internetadressen von Handelsplätzen, Herstellern und Händlern sind sorgfältig ausgewählt und recherchiert. Trotzdem kann es vorkommen, das eine URL aus unterschiedlichen Gründen nicht mehr zur gewünschten Homepage führt.

Versuchen Sie in diesem Fall, den Firmen- oder Adress-Namen in eine Suchmaschine einzugeben. In den meisten Fällen kommen Sie so an die neue URL der betreffenden Firma.

Die ausgewählten und hier aufgeführten Adressen bieten Ihnen Einkaufsmöglichkeiten für fast alle Waren, die über eBay verkauft werden. Außerdem bekommen Sie Links zu einigen Handelsplätzen, über die Sie viele weitere Firmenkontakte knüpfen können.

Die Angaben zu den Warenangeboten der einzelnen Firmen sind schwerpunktmäßig. Das heisst, es kann durchaus sein, daß eine Firma auch andere, hier nicht erwähnte Produkte anbietet. Dies ist auch dadurch bedingt, daß viele Unternehmen ihre Produktpalette ständig erweitern oder den vorherrschenden Trends anpassen. Sie könnten also durchaus Waren finden, die in den Beschreibungen nicht angegeben sind ...

Und nun, viel Spaß beim Stöbern und Einkaufen !

Internet - Handelsplätze

www.asien-bezugsquellen.de - Datenbank und Handelskontakte zu Firmen im asiatischen Raum

www.bekleidungslieferanten.de - Datenbank und Handelskontakte zu Textilherstellern und Lieferanten

www.posten-markt.de - Handelsplatz für Restposten und Konkurswaren

www.restposten.de - Handelsplatz für Restposten und Konkurswaren

www.restposten365.de - Handelsplatz für Restposten und Konkurswaren

www.sonderposten-textil.de - Handelsplatz für Rest- und Sonderposten aus dem Bekleidungsbereich

www.textilauktionshandelsplatz.com - Der Name sagt bereits alles !

www.zentrada.de - Datenbank und Handelskontakte zu Großhändlern (angeschlossen an die Zeitschrift „Zentralmarkt")

www.fashion-base.de - Datenbank und Handelskontakte im Textil- und Bekleidungsbereich *www.beschaffungswelt.de* - Internetportal für Wareneinkäufer aller Bereiche

www.german-business.de - Datenbank und Suchmaschine für Hersteller und Händler

www.globalsources.com - Datenbank und Handelskontakte zu Händlern und Herstellern weltweit

www.asiansources.com - Datenbank und Handelskontakte zu Händlern und Herstellern in Asien

www.buyingsources.com - Datenbank und Handelskontakte zu Händlern und Herstellern in Asien

www.allproducts.com - Datenbank und Handelskontakte zu Händlern und Herstellern weltweit

www.B2B-Trade.net - Internet-Business-Marktplatz & Handelsplatz

www.posten-markt.de - Internet-Marktplatz für Rest- und Sonderposten

www.firstmedias.de - Internet-B2B-Marktplatz für Aktionswaren & Restposten

Bezugsquellen für Trendartikel-Verkäufer

www.99Pfg.de - Neuheiten aus dem Bereich Kleinpreisartikel (besonders geeignet für Überraschungspakete)
www.balkh-mobil.com - Trendartikel/Mobilfunk
www.blinkartikel.de - Trendartikel/Leuchtobjekte
www.diamant-products.de - Trendartikel aller Art
www.euha.de - Trendartikel/Restposten
www.euro-stox-grosshandel.de - Trendartikel/Restposten
www.eVersand.de - Trendartikel/Haushaltswaren
www.escha.com - Trendartikel
www.funtrading.de - Trendartikel
www.henrys-online.de - Trendartikel/Spielwaren
www.hegenbergCenter.de - Trendartikel
www.handelshaus-lichtenstein.de - Trendartikel
www.js-produkte.de - Trendartikel/Hygieneprodukte
www.jural.be (nicht .de!) - Trendartikel
www.lumitoys.de - Trendartikel/Leuchtobjekte
www.MiniMoney.de - Trendartikel/Restposten
www.nass-europa.com - Trendartikel
www.pmeurotrading.de - Trendartikel
www.pompi.de - Trendartikel
www.rba-grosshaendler.de - Trendartikel
www.restpostenoahamm.de.vu - Trendartikel/Restposten
www.sonderposten-europa-distribution.de - Trendartikel/
Rest- und Sonderposten
www.sinoconnex.de - Trendartikel
www.stock-lot.de - Trendartikel/Restposten
www.stolzgmbh.de - Trendartikel

www.terraSYS.de.cx - Trendartikel/Konkurswaren
www.VS-Versand.de - Trendartikel/Restposten (Anmelden mit Name = „Kunde" ; Paßwort = „VSVS")
www.wa-re.de - Restposten/Sonderposten, Mobilfunkartikel und Zubehör
www.webshop3000.de - Trendartikel/Restposten/Saisonartikel/Geschenkartikel
www.warenvertrieb.de - Restposten/Sonderposten und Konkurswaren
www.wilhahn.de - Trendartikel aus dem Bereich Spielwaren, maritime Geschenkartikel
www.ZK-Import.de - Trendartikel/Leuchtobjekte
www.bemigermany.de - Trendartikel
www.dienel-preis-hit.de - Trendartikel/Sonderposten
www.huebro-plast.com - Trendartikel, vor allen aus dem Bereich Haushalt
www.LumiLand.net - Trendartikel/Leuchtobjekte
www.order-in-time.de - Trendartikel/Restposten/Haushaltswaren
www.trendartikel-knoll.de - Trendartikel/Dekorationsfiguren
www.thelemann-versandhandel.de - Trendartikel
www.grossverkauf.com - Trendartikel/Sonderposten
www.LumiLand.net - Trendartikel/Leuchtobjekte
www.osma-werm.com - Trendartikel/Saisonwaren/Kleinpreisartikel/Drogeriewaren

Bezugsquellen für Waren aller Art

www.alp-shop.de - Textilien/Bekleidung
www.artegmbh.de - Gemälde/Kunstgewerbe
www.abasonic.de - Mobilfunkzubehör
www.api.de - Computer & Zubehör
www.allman.de - Computer-Hard- & Software
www.alexander-buerkle.de - Elektronik & Elektrotechnik
www.axro.de - Toner,Tinte & Büromaschinen-Zubehör
www.astboerg.com - Uhrenmanufaktur
www.bastro.de - CD`s & sonstige Tonträger
www.bestitaly.de - Textilien/Bekleidung
www.Bahama-online.com - Haushaltswaren
www.buhrsenschouten.nl - Spielwaren/Haushalt etc.
www.bussmann.nl - Spielwaren/Kleidung
www.basis.de - Computer & IT-Handel
www.baiergmbh.de - Büromaschinen & Elektronik
www.Bar-on.de - Brillen aller Art
www.christmann-jacobi.de - Textilien/Bekleidung
www.contitex.com - Textilien/Bekleidung
www.corso.de - Textilien/Bekleidung
www.creation-brunner.de - Puppen/Textilien
www.cs-solingen.com - Haushaltswaren aller Art
www.cace.de - Computer Hard- & Software
www.claessen.de - Deko- & Geschenkartikel
www.closeout-stock.com - Textilien/Restposten
www.direkta-moden.de - Sonnenbrillen etc.
www.dr-uhren.de - Uhren aller Art
www.DrFoerster.de - Naturheilmittel

www.ema-handel.de - Haushaltswaren/Elektroartikel
www.eVersand.de - Haushaltswaren/Kunst/Uhren
www.elmasri-schmuck.de - Schmuck aller Art
www.eltner.at - Musikinstrumente/Studiotechnik
www.emtel.de - Mobilfunk & Zubehör
www.europatrading.de - Unterhaltungselektronik
www.fashion4ladies.de - Textilien/Bekleidung
www.fs-soft.de - Computer & Zubehör
www.fbmedia.de - CD`s , DVD`s , Tonträger
www.goertrud.de - Biker/Trucker/Westernartikel
www.gendera.de - Textilien,Mode-Neuheiten
www.gs-mueller.de - Geschenkartikel aller Art
www.georg-geyer.de - Nahrungsergänzungen/Pharma
www.gil-design.com - Sonnenbrillen etc.
www.genesis-mode.de - Textilien/Bekleidung
www.giede.com - Edelsteine/Schmuck/Accessoires
www.gastroguss.de - Haushaltswaren,Pfannen,Töpfe
www.germancollectibles.de - Haushaltswaren
www.hekari.de - Geschenke/Haushalt/Schreibwaren
www.honeymoon-textil.de - Textilien/Bekleidung
www.herba-pharma.com - Nahrungsergänzungen
www.hotani-gmbh.de - Lederwaren aller Art
www.hiweso.de - Werkzeuge aller Art
www.hopeg.de - Haushaltswaren
www.hilpert.com - Haushaltswaren/Geschenkartikel
www.import-export-schuster.de - Elektronik aller Art
www.Jalan-Jalan.de - Mode-Accessoires
www.jpweller.com - Uhren
www.kidsshirt.com - (Kinder-)Textilien & Bekleidung

www.kintamani.de - Indianerartikel & -Schmuck
www.kt-shoes.com - Schuhe aller Art
www.kader-international.com - Textilien/Bekleidung
www.karasch-online.de - Mobilfunk & Zubehör
www.laeisz-lueders.de - Asien-Importwaren
www.Laratoys.de - Babyartikel & Spielwaren
www.mega-sonic.de - Haushalt/Elektro/Geschenke
www.mega-pix.net - Digitalkameras & Zubehör
www.MahShamim.de - Textilien/Bekleidung
www.ml-shoes.de - Schuhe aller Art
www.maryfil.de - Kinder-Bekleidung & Textilien
www.minitruckshop.de - Sammler-Modellautos
www.mabo-edelsteine.de - Edelsteine & Schmuck
www.merci-mo.de - Schmuck/Modeaccessoires
www.magicgreen.de - Zimmerbrunnen & Zubehör
www.menzel-woelke.de - Bürobedarfsartikel
www.mh-warenvertrieb.de - Textilien & Schuhe
www.max4less.de - Schmuck
www.naeem.de - Lederwaren aller Art
www.niwa-optics.de - Sonnenbrillen etc.
www.offenbachsolingen.nl - Haushaltswaren,Messer
www.orient-tezcan-im-export.de - Haushaltswaren
www.panaroma.de - Textilien/Kunst/Accessoires
www.prepaid-king.de - Mobilfunk-Karten
www.quemex.com - Uhren
www.redcatjeans.de - Textilien/Bekleidung
www.robertgalerieverlag.de - Bilder/Poster/Postkarten
www.rc-records.de - DVD`s & Tonträger
www.rosedo.de - Sammlerwaren

www.steindesign-online.de - Schmuck & Edelsteine
www.sahdia.de - Schmuckwaren
www.sonderposten-textil.de - Textilien/Bekleidung
www.soha.de - Textilien/Bekleidung
www.semo.de - Stofftiere/Spielwaren
www.silverdealer.com - Schmuckwaren
www.schuhmarkt-mueller.de - Schuhe aller Art
www.shaghafi.de - Uhren aller Art
www.south-western-art.com - Indianerschmuck etc.
www.software-bitter.de - Computer-Software
www.stickerei-pleli.de - Textilien/Bekleidung
www.shasha.de - Sonnenbrillen/Beachwear
www.Sutter-GmbH.de - Militaria/Elektronik
www.schum.de - Haushaltswaren/Geschenkartikel
www.schreyer-net.com - Schule/Büroartikel/Spielwaren
www.scharf-warenhandel.de - Dessous/Unterwäsche
www.silberschmuck.com - Schmuck
www.shwika.de - Telefon- & Handykarten
www.tabassum.de - Ethno- & Westernartikel
www.trendix.de - Fahrräder & Zubehör
www.tronex.nl - Elektrowaren aller Art
www.textil-vertrieb.de - Textilien/Bekleidung
www.Uhrenversandhandel.de - Uhren
www.uhlenbrock.de - Elektronik
www.watchimport.com - Uhren
www.wellnessandnature.de - Nahrungsergänzungen
www.watch4you.de - Uhren
www.wagnerdesign.de - Salzleuchten etc.
www.xinglong.de - Geschenkartikel

<u>Restposten & Konkurswaren:</u>

Eine sehr gute Möglichkeit, an günstige Ware zum Wiederverkauf zu kommen, ist der Ankauf von Restposten und Konkurswaren.

Diese Waren bekommen Sie fast immer zu einem Bruchteil des regulären (ehemaligen) Verkaufspreises. Die Gewinnmargen, die damit über eBay erzielt werden können, sind beachtlich. Natürlich sollten Sie sich auch hier erst vergewissern, ob die anvisierte Ware zum Verkauf über eBay geeignet ist.

Es gibt verschiedene Möglichkeiten, an die begehrten Waren zu kommen, hier die zwei Einfachsten:

Fast jedes Einzelhandelsgeschäft hat regelmäßig Restposten oder Lagerüberhänge. Nutzen Sie deshalb jede Gelegenheit, um den jeweiligen Geschäftsinhaber darauf anzusprechen. Übergeben Sie ihm eine Karte mit Ihrer Anschrift und Telefonnummer, damit er Sie bei Bedarf sofort benachrichtigen kann. Auf dieser Karte sollte auch der Begriff „Restpostenankauf" stehen. So braucht der Händler nicht lange zu suchen und verwechselt Ihre Karte nicht mit anderen.

Ein großer Vorteil dieser Restposten sind die meist sehr geringen Stückzahlen. Sollten Sie wider Erwarten beim Verkauf einen Verlust hinnehmen müssen, so hält sich dieser in Grenzen.

Eine weitere Möglichkeit,an Restposten, Lagerüberhänge und Konkurswaren zu gelangen, bieten die Industrie- und Handelskammern (IHK). Dort können Sie sich als Restpostenhändler registrieren lassen. Die IHK gibt Ihre Adresse bzw. Telefonnummer an Veranstalter von Räumungsverkäufen weiter, die Sie dann direkt kontaktieren können. Sehr bequem für Sie ...

Gute Gelegenheiten bieten auch Speditionen und Versicherungen. Diese verkaufen meistens Waren aus Versicherungs- und Transportschäden. Das sind oft ganze Paletten, bei denen einige Stücke defekt sein können. Dafür bekommen Sie die Waren zu unschlagbar günstigen Preisen.

Die Adressen dieser Unternehmen finden Sie im Internet oder in den „*Gelben Seiten*" der Deutschen Post. Meistens können Sie sich dort ebenfalls registrieren lassen und werden bei Bedarf von den Firmen benachrichtigt.

Natürlich gibt es auch im Internet spezielle Plattformen zum Thema Restposten & Konkurswaren. Die entsprechenden Adressen finden Sie im vorangehenden Kapitel unter „Handelsplätze".

In diesem Zusammenhang möchte ich Ihnen noch eine

Internetadresse ans Herz legen. Sie lautet:

www.zoll-auktion.de

Auf dieser Seite finden Sie Vorankündigungen zu den Auktionen des deutschen Zolls. Das Angebot lässt sich mit denen von Versicherungen und Transportunternehmen vergleichen. Auch hier können Sie so manches Schnäppchen machen ...

<u>Einkauf im Ausland / Eigenimport:</u>

Unendliche Möglichkeiten zum Einkauf günstiger Waren bieten sich dem eBay-Händler beim Kauf im Ausland bzw. beim Eigenimport.

Eine weiterer Vorteil dabei ist, daß Sie im Ausland an Produkte kommen können, die es in Deutschland nicht oder nur sehr vereinzelt zu kaufen gibt. Diese Waren werden sich hierzulande über eBay fast wie von selbst verkaufen.

Was ist beim Einkauf im Ausland bzw. beim Eigenimport zu beachten? Hier die wichtigsten Tipps:

- Erkundigen Sie sich vor dem Kauf der Ware nach eventuellen *Einfuhrbeschränkungen.* Für einige Waren sind z.B. Echtheits- oder Herkunfts-Zertifikate bei der Einfuhr nach Deutschland vorzulegen. Informationen hierzu erhalten Sie unter: *www.zoll-d.de*

- Rechnen Sie genau nach, ob sich der Kauf im Ausland trotz Versandkosten, Zollgebühren und Steuern lohnt.

- Klären Sie vor dem Kauf den Versandweg und die Zahlungsart. Es gibt verschiedene Zahlungsmöglichkeiten im Ausland. Einige davon sind: Traveller Cheques, Kreditkarten, Paypal, BidPay u.s.w. .Eventuell müssen Sie sich vorher für ein bestimmtes Verfahren anmelden.

- Fragen Sie vor dem Kauf nach der Mindestbestellmenge. Bei vielen Händlern kann diese ausgehandelt werden, oder sie liefern geringere Mengen gegen einen kleinen Aufpreis.

- Achten Sie bei größeren Mengen darauf, ob die Firma einen *F.O.B.-Preis* oder *C.I.F.-Preis* nennt.

<u>F.O.B.= Free on Board</u>, d.h. die Fracht ist frei bis zum nächsten Hafen oder Flughafen des jeweiligen Landes. Die restlichen Transportkosten müssen Sie übernehmen. Das kann ein nicht unerheblicher Betrag sein.

<u>C.I.F.= Costs,Insurance,Fright</u>, d.h. im Preis sind Transportversicherung und Frachtkosten bis nach Deutschland bereits enthalten. Sie müssen lediglich noch die Zollgebühren und die Mehrwertsteuer hinzurechnen.

- Wenn Sie Mustersendungen aus dem Ausland geschickt bekommen, darf Ihnen das zuständige Zollamt dafür keine Einfuhrumsatzsteuer (Mehrwertsteuer) und keine Zollgebühren berechnen.

<u>An dieser Stelle ein Tipp:</u>

Wenn Sie z.B. Elektrogeräte in größeren Mengen im Ausland einkaufen wollen, sind viele Firmen gerne bereit, Ihnen vorab ein Probegerät zu schicken.

Dies ist meist gratis frei Haus oder Sie müssen nur die Portokosten dafür bezahlen. Erwarten Sie aber nicht, das Ihnen die Firma einen LCD-Fernseher schickt, nur weil Sie 10 Stück davon kaufen möchten. Da müssen die Abnahmemengen schon etwas größer sein ...

Wer allerdings die Möglichkeit hat, große Mengen Elektrogeräte zu kaufen, sollte von solch einem Angebot Gebrauch machen. Dabei können Sie sich auch schon einmal die Qualität der Produkte vorab anschauen.

Im Zweifelsfall fragen Sie die Firma einfach ganz direkt nach einem Probegerät. („How much is a sample of ...?)

Zum Abschluß dieses Kapitels möchte ich Sie noch mit einigen Internetadressen versorgen, die Ihnen weitere Tipps und Informationen rund um die Themen „Kauf im Ausland" bzw. „Import" bieten:

www.ahk.de - Website der deutschen Außenhandels-
kammern mit Links zu den einzelnen Ländern.
www.e-trade-center.com - Internetbörse der Industrie-
und Handelskammern
www.sucharchiv.com - weltweiter Suchmaschinen-Kata-
log
www.worldyellowpages.com - Gelbe Seiten weltweit
www.kompass.com - Business-Suchmaschine
www.exportimport.de - Außenhandelsinformationen
www.europages.de - europäisches Firmenverzeichnis
www.superpages.com - USA-Firmenverzeichnis
www.globaltradenetworks.com - weltweiter Marktplatz
für Import und Export

<u>Vorsicht vor diesen Produkten!</u>

eBay gibt klare Vorgaben, welche Waren gegen die Richtlinien und Grundsätze verstoßen und deshalb nicht zum Verkauf angeboten werden dürfen. Eine Liste dieser Artikel finden Sie unter:

http://pages.ebay.de/help/community/png-items.html

Es gibt aber noch weitere Produkte, von denen Sie tunlichst die Finger lassen sollten. Diese möchte ich Ihnen hier vorstellen:

- Hüten Sie sich vor Trendartikeln, die außer Mode gekommen sind oder deren Markt wegzubrechen droht. Diese bekommen Sie zwar meistens zu Spottpreisen, doch der Verkauf lohnt sich fast nie. Wenn Sie Trendprodukte verkaufen und merken, daß der Markt für ein Produkt langsam übersättigt ist (fallende Umsätze,zu viel Konkurrenz), dann verkaufen Sie Ihre Restbestände so schnell wie möglich.
Dazu ist am besten die Business-Plattform geeignet, die eBay unter dem Namen eBay-Pro bzw. in der Kategorie Business & Industrie anbietet. Nehmen Sie einen eventuellen geringen Verlust in Kauf. Das verdiente Geld können Sie umgehend wieder in neue Ware investieren. Das ist viel besser als ein langwieriger Einzelverkauf der restlichen Ware, der in fast allen Fällen nicht nennenswert mehr einbringt.

- Ebenso absehen sollten Sie vom Verkauf von Dingen, die Ihnen zwar gute Gewinne versprechen, für Ihre Kunden aber von zweifelhaftem Nutzen sind. Das können z.B. Lottosysteme mit dubioser Gewinngarantie, Diätprodukte mit vollmundigen Versprechungen oder Kleidung von minderer Qualität sein.

Die Unzufriedenheit der Kunden, die diese Produkte bei Ihnen kaufen, wird sich schon nach kurzer Zeit in Ihren Bewertungen wiederspiegeln. Das kann auf Dauer nicht gutgehen ...

Verkaufen Sie nur Waren, von deren Qualität und /oder Nutzen Sie absolut überzeugt sind. Das ist auf längere Sicht viel effektiver als ein kurzfristiger, hoher Gewinn mit einer Ware, die die Versprechungen nicht halten kann.

- Heikel sind auch Lebensmittel, die nur begrenzt haltbar sind. Wenn Sie kein absoluter Experte auf diesem Gebiet sind, könnten Sie böse Überraschungen damit erleben. Wieviel Ware in welcher Zeit umgeschlagen werden kann, ist nur schwer abzuschätzen. Wenn Ihnen dies nicht gelingt, bleiben Sie unter Umständen auf der Ware sitzen, die durch ein abgelaufenes MHD (Mindest-Halt-barkeitsdatum) völlig wertlos geworden ist.

- Probleme können Ihnen auch Waren bereiten, die schlecht zu handhaben sind, weil sie beispielsweise zu groß, zu schwer oder zu bruchempfindlich sind.

Produkte, die Sie zum Verkauf bei eBay anbieten, sollten problemlos mit der Post verschickbar sein. Viele spezielle Paketdienste, die sehr große oder schwere Waren befördern, arbeiten nur mit Ihnen zusammmen, wenn Sie regelmäßig größere Mengen zu versenden haben. Das abzuschätzen ist am Anfang sehr schwierig.

Als etablierter Händler sieht diese Sache natürlich ganz anders aus. Unter Umständen haben Sie dann sogar den Vorteil, Ware anbieten zu können, die andere Verkäufer aus Handhabungs- bzw. Kapazitätsgründen nicht anbieten können.

Denken Sie also vor dem Verkauf genau darüber nach, ob die ausgewählte Ware Ihren Möglichkeiten gerecht wird. Informieren Sie sich über Maße und Gewichte, die von der Deutschen Post befördert werden. Dazu erhalten Sie in jeder Post-Filiale eine kostenlose Broschüre, in der alle Leistungen und Preise aufgeführt sind.

- Als schlecht zum Verkauf geeignete Produkte möchte ich hier noch die sogenannten Kleinpreisartikel erwähnen. Über diese habe ich ja schon einiges im Kapitel „Warenbeschaffung" gesagt.

Es soll auch hier nochmal betont werden, daß sich solche Waren schlecht zum Verkauf über eBay eignen.

Der Gewinn, den Sie damit einstreichen können, steht meistens in keiner Relation zu der aufgewendeten Arbeit.

Bedenken Sie: Je weniger Gewinn ein einzelnes Produkt beim Verkauf abwirft, um so mehr Auktionen müssen Sie dafür vorbereiten und durchführen. Auch das Verpacken und Versenden wird natürlich mehr Zeit in Anspruch nehmen.

Grundsätzlich gilt: Wenn ein Artikel einen bei eBay erzielbaren Verkaufspreis von weniger als 3.- Euro hat, sollten Sie vom Verkauf absehen. Nach Abzug von Einkaufspreis, Angebotsgebühr und Verkaufsprovision bleibt als Reingewinn für ihre aufgewendete Arbeit einfach viel zu wenig übrig.

Tipps & Tricks zum Erstellen von Auktionen

Nun ist es soweit: Sie haben Ihren Weg zum Verkauserfolg klar definiert. Sie haben Methoden kennen gelernt, um Trends frühzeitig aufzuspüren. Sie wissen, welche Produkte bei eBay „gut laufen" und haben Ihre persönliche Favoriten ausgemacht.

Was fehlt jetzt noch an Wissen, um möglichst schnell in die Riege der Powerseller einzusteigen?

Die letzte und entscheidende Hürde ist eine professionelle und ansprechende Produktbeschreibung in Ihren Auktionen. Viele Produkte verkaufen sich zu einem Preis, der weit unter dem Möglichen liegt. Und das nur, weil die Ware schlecht, unzureichend oder schlichtweg falsch beschrieben ist. Auch die Wahl der falschen Kategorie kann den Preis drücken oder einen Verkauf ganz unmöglich machen.

Ich gehe davon aus, daß Sie schon einmal eine Auktion bei eBay erstellt haben. Deshalb ersparen wir uns diese Informationen, die Sie außerdem jederzeit bei eBay selbst oder in den vielen Büchern für Anfänger nachlesen können.

Sie erhalten nun die besten Tipps und Tricks zum Erstellen von Auktionen. Auktionen, die eine größtmögliche Effizienz erzielen und perfekt auf Ihre Zielgruppe zugeschnitten sind. So haben Sie die besten Voraussetzung, um Ihre sorgfältig ausgewählten Produkte auch wirklich zum höchsten Preis zu verkaufen.

- Nutzen Sie ein gängiges Auktionstool, z.B. den von eBay angebotenen und kostenlosen *Turbo-Lister.*

Diese Hilfsprogramme haben den unschätzbaren Vorteil, daß Sie Ihre Auktionen jederzeit vorbereiten bzw. schreiben können. Zum gewünschten Startzeitpunkt müssen diese dann nur noch an eBay übertragen, d.h. hochgeladen werden. Das ist bei der normalen Auktionserstellung über die eBay-Homepage nicht möglich. Mit den meisten Auktionstools können Sie den Startzeitpunkt gegen eine kleine Gebühr sogar bis zu drei Wochen im Voraus festlegen.Die Auktion wird in diesem Fall gleich nach dem Erstellen an eBay übertragen, aber erst zum gewünschten Zeitpunkt automatisch gestartet.

Für professionelle Händler ist die Nutzung solcher Hilfsmittel ohnehin absolut notwendig. Nur so besteht die Möglichkeit, Auktionen abzuspeichern, beliebig zu verändern und zu vervielfältigen und sie jederzeit wieder neu zu starten. Unabdingbar für jeden, der große Mengen identischer Produkte über eBay verkaufen will.

- Die Laufzeit einer Auktion hängt von vielen Faktoren ab. Grundsätzlich gilt hier die nachfolgende Regel:

Artikel mit niedrigen Startpreisen sollten eher kurze, Artikel mit hohen Startpreisen eher lange Laufzeiten haben. Für Waren, die zu Festpreisen angeboten werden, ist die längste Laufzeit (z.Zt. 10 Tage) obligatorisch.

- Das <u>Auktionsende</u> sollte so gewählt werden, daß möglichst viele potenzielle Käufer Gelegenheit haben, mitzubieten. Die besten Zeiten sind demnach:

- Wochentags von 18 - 21 Uhr
- Samstags von 15 - 19 Uhr (Am späteren Abend sind
    viele Leute unterwegs)
- Sonntags von 17 - 22 Uhr (An diesem Tag sind mittags
    viele Leute unterwegs)

Natürlich sind die idealen Endzeiten nicht für alle Waren gleich. Für manche Produkte gelten besondere Regeln.

<u>Ein Beispiel:</u>
Auktionen mit Haushaltswaren sollten an Wochentagen zwischen 10 und 12 Uhr auslaufen. Zu dieser Zeit haben viele Hausfrauen Gelegenheit zum Mitbieten.

Im Zweifel sollten Sie sich in die Lage Ihrer möglichen Kunden versetzen oder Bekannte fragen, die für solche Waren als Käufer in Frage kommen, um den optimalen Endzeitpunkt zu bestimmen. Sie können sich aber auch an anderen Verkäufern bei eBay orientieren, die ähnliche Produkte zum Kauf anbieten.

- Ohne <u>Bilder</u> läuft bei eBay natürlich gar nichts. Ich gehe davon aus,daß Sie als regelmäßiger eBay-Verkäufer bereits im Besitz einer Digitalkamera sind. Wenn nicht, sollte das die erste Anschaffung auf dem Weg zum Powerseller sein.

Das erste Foto in der Auktionsbeschreibung ist grundsätzlich kostenlos. Leider reicht ein Bild bei vielen Artikeln nicht, um den Verkaufsgegenstand in seiner ganzen Pracht darzustellen. Jedes weitere Bild kostet einen Aufpreis von 0,15 Cent. Sparen Sie bitte bei dieser Option nicht. Die meisten Leute glauben gar nicht, wie wichtig Bilder für den Verkauf bei eBay sind. Für einfache, kleine Gegenstände mag das erste Bild noch ausreichend sein. Sobald aber der Artikel von komplexerer Form ist, sollten Sie unbedingt weitere Bilder einfügen.

Einen großen Vorteil haben Sie, wenn Sie die Internet-Programmiersprache HTML beherrschen. Dann können Sie beliebig viele Bilder direkt in den Auktionstext einfügen, ohne auch nur einen Cent dafür bezahlen zu müssen. Dazu noch ein Tipp:

Da das erste Bild sowieso kostenlos ist, sollten Sie in diesem Fall der Auktion trotzdem ein Bild beifügen, das mit dem eBay-Bilderservice ipix hochgeladen wird. Der Vorteil ist, daß in der Kategorie bei laufender Auktion das Bilder-Symbol neben Ihrem Angebot zu sehen ist.

Ein Anziehungspunkt für potenzielle Kaufinteressenten. Außerdem benötigen Sie dieses Bild, falls Sie die Zusatzoptionen „Galerie" oder „Top-Galerie" nutzen möchten.

- Die besten und aussagekräftigsten Bilder nützen nichts, wenn der <u>Auktionstext</u> und die <u>Überschrift</u> schlecht, missverständlich oder einfach nichtssagend sind. Die Überschrift ist in der Anzahl der zur Verfügung stehenden Zeichen auf 45 begrenzt und soll trotzdem so viele Informationen wie möglich enthalten. Nicht immer ganz einfach ...

Deshalb hier einige Fakten, die möglichst in jeder Auktionsüberschrift enthalten sein sollten:

- Artikelbezeichnung
- evtl. Hersteller oder Marke
- Größen-,Farb-,Leistungs- oder Materialangaben
- Zustand und eventuelle Besonderheiten
- wenn möglich,ein passendes Schlagwort, z.B. „Luxus, traumhaft,modisch,exklusiv,schön,top" o.ä.

Falls der Platz nicht ausreicht, um alle Angaben in voller Länge unterzubringen, dürfen Sie angemessene Abkürzungen verwenden. Achten Sie jedoch darauf, daß jede Angabe noch einwandfrei zu erkennen ist und die Überschrift nicht zum Rätsel wird.

Ein Beispiel für eine perfekt gestaltete Überschrift, die

viele Interessenten auf das Angebot aufmerksam macht:

„Fuji Finepix Digicam,5Mio.Pixel,m.Zubeh. NEU"

- Die Wahl der passenden <u>Kategorie</u> ist ein weiterer, wichtiger Faktor, der zwischen Erfolg und Mißerfolg einer Auktion entscheiden kann.

Tipp:
Wenn Sie nicht sicher sind, in welche Kategorie ein Artikel passt, geben Sie ihn als Suchwort auf der Startseite ein. Dadurch erfahren Sie, wo gleiche oder ähnliche Artikel eingestellt sind.

Oft ist es ratsam, ein Produkt in zwei Kategorien einzustellen, wenn es nicht eindeutig zuzuordnen ist. Die Zahl der Interessenten, die dadurch auf Ihr Angebot aufmerksam werden, steigt fast immer beträchtig an. Allerdings verdoppelt sich auch die Angebotsgebühr und die Gebühren für eventuelle Zusatzoptionen.

Wenn Ihr Artikel in mehrere Kategorien passt, Sie ihn aber trotzdem nur in einer einstellen wollen, dann sehen Sie in der Kategorieauswertung nach und wählen die mit der größeren Nachfrage aus.

- Haben Sie ein Produkt anzubieten, das besondere Aufmerksamkeit erregen soll?
Dann sollten Sie die Auktion mit geeigneten und sinn-

vollen <u>Zusatzoptionen</u> versehen. Ebay bietet hier vielfältige Möglichkeiten. Diese sind jedoch nicht immer sinnvoll und können zu wahren Kostenfallen werden. Die Beschreibungen und Gebühren dazu können Sie unter ***http://pages.ebay.de/help/myinfo/billing-fees.html*** nachlesen.

Nachfolgend eine Checkliste,welche Optionen für welche Produkte geeignet oder generell überflüssig sind.

- „Sofort-Kaufen"-Option:

Meist überflüssig, bei seltenen Sammlerstücken unter Umständen ratsam. Erfahrungsgemäß ist eine Differenz zwischen Startpreis und Sofort-Kaufen-Preis von ca. 15-25% sinnvoll. Wählen Sie diese Option nicht, wenn Sie keine Vorstellung vom Wert des Artikels haben. Der Endpreis einer reinen Auktion könnte wesentlich höher sein, als der von Ihnen festgelegte Sofort-Kaufen-Preis.

- Kategorie-Top-Angebote:

Sinnvoll für höherpreisige Produkte oder für Powerauktionen, d.h. Auktionen mit einer Anzahl des gleichen Artikels über Eins.

Achtung: Die Gewinnmarge der gesamten Auktion muss hoch genug sein, um den Aufpreis für diese Zusatzoption zu rechtfertigen.

<u>-Top-Angebote (im Rotationsverfahren auf der Startseite)</u>

Sinnvoll für höchstpreisige Artikel und Powerauktionen gewerblicher Händler mit einer großen Anzahl des Produktes. Auch interessant für Trendprodukte, die in kurzer Zeit in sehr großen Stückzahlen verkauft werden sollen. Oft von Powersellern gebucht.

Zu beachten: Die Kosten für diese Option bei einer Powerauktion sind extrem hoch. Wenn Sie noch kein gewerblicher Händler sind, der Vorsteuerabzugsberechtigt ist, lassen Sie lieber die Finger davon. In diesem Fall lohnt sich die Option nur für ganz teure Einzelstücke, wie z.B. Antiquitäten, Schmuck oder Luxusuhren.

- <u>Highlight:</u>

Unnötige Investition. Auktionen mit dieser Zusatzoption erzielen im Durchschnitt kaum mehr Zugriffe als ohne.

- <u>Fettschrift:</u>

siehe „Highlight"

- <u>Galerie:</u>

Sehr sinnvolle und relativ günstige Zusatzoption. Erreicht eine deutliche Steigerung der Aufmerksamkeit und damit der Zugriffe auf die Auktion.

Bedingung:

Das verwendete Bild muss von guter Qualität sein, damit die Ware bei entsprechender Verkleinerung in der Kategorie immer noch gut zu erkennen ist.

<u>- Top-Galerie:</u>

siehe „Highlight"

<u>- Startzeitplanung:</u>

Sinnvoll, wenn Urlaub bevorsteht oder man zur gewünschten Startzeit anderweitig verhindert ist. Außerdem bequem, um mehrere Auktionen in bestimmten Zeitabständen, z.B. im 2 Stunden-Takt starten zu lassen.

Das kann bei dem Verkauf vieler gleicher Artikel sehr wichtig sein. Wenn die Auktionen gestaffelt gestartet werden, decken sie einen viel größeren Teil der Kategorie ab, als beim Hochladen zur gleichen Zeit.

Diese Staffelung lässt sich leider nur mit der hier erwähnten Zusatzoption realisieren. Man sollten den Mehrpreis dafür aber wirklich in Kauf nehmen, er wird sich innerhalb kurzer Zeit durch erheblich mehr Zugriffe auf die Auktion und durch höhere Verkaufszahlen amortisieren.

- <u>Artikel in zwei Kategorien einstellen:</u>

Sinnvoll für alle Artikel, die in zwei Kategorien passen. Wie schon im Abschnitt „Kategorie" in diesem Kapitel erwähnt, erhöht sich die Zahl der Zugriffe auf die Auktion meistens sehr stark. Dadurch erzielen Sie natürlich auch fast immer einen besseren Preis.

Tipp:
Mit etwas Phantasie lässt sich für fast jeden Artikel eine zweite Kategorie finden, auch wenn diese auf den ersten Blick ungeeignet scheint.

Ein Beispiel:
Sie sind Trendartikel-Verkäufer und haben das neueste Fitness-Gerät anzubieten. Leider sind Sie nicht der Einzige, der damit Umsatz machen will. Andere haben das Gerät schon mehrfach in der Kategorie „Fitness" eingestellt.

In diesem Fall könnten Sie das Gerät z.B. zusätzlich bei Damenkleidung Größe 42/44 einstellen. Als Überschrift wäre denkbar: *„Kleinere Größe? Mit dem neuen ... kein Problem!"*
Oder in der Kategorie „Feinschmecker & Beauty" mit der Überschrift *„Und nach dem Schlemmen: ...."* (Name des Gerätes)
Mit etwas Phantasie fallen Ihnen bestimmt noch mehr Beispiele dazu ein.

Nachwort

Geschafft! Sie haben nun die wichtigsten Voraussetzungen für Ihren Erfolg bei eBay kennengelernt.

Werden Sie deshalb automatisch zum Powerseller?

Leider nicht. Diese Illusion muss ich Ihnen nehmen. Die Umsatzvorgaben, um den begehrten Powerseller-Status zu erreichen, hat eBay sehr hoch gesteckt. So hoch, daß sie normalerweise nur erfüllt werden können, wenn Sie eBay zu Ihrem Hauptberuf machen. Natürlich kann und will das nicht jeder. Vielen reicht es völlig aus, ein schönes Zubrot nebenbei zu verdienen.

Deshalb mein Rat: Versteifen Sie sich nicht zu sehr auf den Titel *Powerseller*. Auch ohne ihn können Sie ein wahrer Power-Seller (man beachte die Schreibweise!) sein. Ein Verkäufer, der die Regeln des Marktes verstanden hat, gute Waren zu angemessenen Preisen anbietet und nie vergisst, daß am anderen Ende der Leitung ein Mensch sitzt, kein Computer.

In letzter Zeit hat die Presse viel Negatives über den Marktplatz eBay geschrieben. Von Betrug und anderen Gaunereien war die Rede. Ich möchte das nicht bewerten. Ich möchte Ihnen nur ans Herz legen, fair und freundlich zu handeln und damit diesen negativen Tendenzen entgegen zu wirken.

Nur so können wir diesen Marktplatz auf Dauer erhalten. Und schließlich profitieren wir alle davon, als Käufer oder Verkäufer, als Privatmensch oder professioneller Händler.

Für Ihre Zukunft wünsche ich Ihnen alles erdenklich Gute. Mögen sich all Ihre Pläne, Ziele und Wünsche erfüllen ...

Ihr

Markus Wilde